JN410450

아픔 없는 마디는 없다

아픔 없는 마디는 없다

강희주 시화선집

시인동네

차례_

제1부 곡선의 힘

제2부 마디의 힘

제3부 언약

제4부 바람, 구름 그리고 길

제1부 곡선의 힘

숲과 새

새들이 말했다. 갖은 거라곤 가벼운 깃털뿐이오. 굳이 재주를 말하라면 멀리 날 수 있고, 노래를 좀 부른답니다. 관중은 언제나 숲속을 가득 메운 친구들이죠. 눈이 오나 비가 오나 의지할 수 있는 친구들이랍니다. 그들은 욕망이나 야망 같은 건 몰라요. 가끔 내리는 빗줄기와 한 줄기 햇살에도 감사하며 만족해하는 친구들이랍니다. 자랑이 있다면 서로의 아픔을 감싸주며 아름다운 세상을 만들어가는 멤버이지요. 봄에는 꽃동산 만들고, 여름엔 정성으로 자식들 키우고, 가을엔 노루 토끼 다람쥐 꿩 멧돼지 온 가족 모아놓고, 우리들 노래에 맞춰 춤을 추며 잔치를 벌인답니다. 많은 것을 바라지도, 가진 것에 얽매이는 친구는 더욱 아니지요. 언제나 베풀고 감싸주는 친구들이랍니다.

清寒〻之
香氣丙申夏
雪石軒

부활

한 소년이 숲길을 지나다가 나무를 정성으로 매만지며 가꾸시는 할아버지를 만났다. 소년은 다가가 무슨 귀한 나무인가요 하고 묻자 할아버지는 이 나무는 노래하는 나무란다 하셨다. 소년은 그날부터 틈만 나면 그 나무를 찾아가 노래하기를 기다리고 기다렸으나 매번 허사였다. 얼마 후 혹시나 해서 그 나무를 찾아갔는데 놀랍게도 할아버지는 그 나무를 톱으로 베고 있었다. 깜짝 놀란 소년은 노래하는 나무를 왜 베느냐고 물었다. 이렇게 해야만 나무가 노래할 수 있단다, 하시며 톱질을 계속하셨다. 소년은 못 믿겠다는 듯 고개를 갸웃대며 돌아왔는데 얼마 후 할아버지는 손에 작은 바이올린을 들고 찾아왔다. 얘야! 이 바이올린이 그 노래하는 나무란다. 지금부터 세상에서 제일 아름다운 노래를 들려주마.

곡선의 힘

곡선은 천성이 부드럽다 온화하고 지혜롭고
곡선일수록 포용력이 많다 하겠는데
굽이굽이 흐르는 강물들도
그냥 지나치지 아니하고
아우르고 감싸 안는 곡선의 모습이다

절벽 위에 외로이 서 있는 노송 한 그루도
허투루 보지 않고
온몸으로 물줄기를 밀어 올리는
곡선의 또 다른 사랑이다

느리지만 나태하지 않고
연약하지만 두려워하지 않고
부드럽지만 겁내지 않는
포기를 모르는 곡선의 힘

가령 길을 만들 때
개울이나 가시밭을 만나도 끝나지 않는 것은

곡선의 힘을 빌려
개울을 만나면 돌아서 가고
가시밭을 만나면 피해가는
그래서 세상의 길은 곡선이 되고
하나의 길이 되는 기꺼운 방식이다

素心有印
壬辰夏 姜銀伊

양파를 까며

벗기고 벗겨도 양파는 양파일 뿐
감춘 게 없으니 두려울 것도 없는지
제 속을 다 까발려도 무관심이다
우리 몸 구석구석 야생구역을 감추고 있지만
양파는 순수하게 양파스럽다
꼬이고 흉측한 내장 따윈 보이지 않는다

한 겹 한 겹 아무리 벗겨 봐도
겉과 속이 일치하는 존재
마트료시카 인형처럼
좀 작아 보일 뿐 변한 게 없는 모습이다

차례차례 허물을 벗겨도
일괄성이 유지되는 완전한 존재
깊숙한 곳까지 비비 꼬인 내장 따윈 보이지 않는다
양파만의 완전한 일관성
우리에겐 결코 허락되지 않는 영역이다

아픔 없는 마디는 없다

이 세상 그 어떤 마디도
비바람에 젖고 칼바람에 갈라지며
햇살 쏟아지는 들녘에서 목마름을 이겨냈나니
아프지 않고 생긴 마디는 없다
아픔 없이 가는 인생도 없거늘

용암처럼 끓어오르던 분노
여린 가슴으로 침잠시키느라
눈물 몇 바가지 곱씹으며
마디를 세웠나니
아픔 없이 생긴 마디가 어디 있으랴

끓어오르던 용암은 아름다운 돌이 되었다

君子之風

질경이
—나의 조국

길가에 뿌리내린 질경이
메마른 길가에 뿌리 깊게 내리고
가물면 가문 대로
비 오면 비 오는 대로
불평 한마디 하더냐
오가는 길손들이 질경질경 밟아도
경운기 덜컹대며 지나간다고
볼멘소리 한번 하더냐
더불어 얼싸안고 대를 이어 살아온 이 땅
왜놈들이 삼십육 년 긴 세월
강제로 점령하여
짓밟고 핍박하고 닛본도 휘두르며
약탈을 일삼아도 이 악물고 견디면서
태극기 흔들며 하나로 뭉쳐
오대양 육대륙에 씨를 뿌렸나니
얼빠진 이북 동포들아
미사일 몇 개 탱크 몇 대 앞세워
호시탐탐 침략을 일삼지만

세상 길 다 막고 물어 보아라
가당치나 한 일인가
질경이가 이 땅에 뿌리박고 있는 한
조국은 영원하리라

물에서 솟아 오른 아름다운 姿態
雪石軒 姜銀伊

혼술

아픔 없는 삶이
어디 있으랴

사노라면 마디마디
상처인 것을

눈 쌓이는
겨울밤

그대 생각
더 뜨거워지라고
혼자 술을 마신다

역방향

기차를 타고 여행을 떠났다
좌석표가 역방향이다
어차피 미래는 볼 수 없으니
지나온 길이나 보며 가자 마음먹었습니다
앞을 향해 달려가는 마주앉은 당신이
뜯어내는 날짜들이 줄줄이 내게로 쏟아지고
지나간 풍경들 꾸역꾸역 토해내는
당신을 바라보니
몇 장 안 남은 달력처럼 얇아진 어깨
들여다보면 당신 가슴에 구멍이 숱술 뚫려
비명이 들락거릴 것 같군요
떨어진 날들과 토해낸 풍경들을 주워 담으며
종착역을 향해 달려가고 있지만
당신과 나는 점점 더 멀어지는군요
만날 수 있는 확률은 제로
우리는 어차피 역방향 인연
당신은 앞문으로 나는 뒷문으로
인사도 없이 기약도 없이 가야겠지요

봄

봄을 재촉하는 비가 내린다
창 넘어 목련꽃 미소에
TV를 켰더니
살구꽃 복사꽃 지천으로 피었는데
코로나19 바이러스가 무서워
집에만 납작 엎드려 있으니
이게 무슨 봄인가*

가게마다 문 걸어 잠가
쥐똥나무뿐인 거리
약국마다 마스크 배급받으려고
길게 줄지어 아우성인데
이게 무슨 봄인가

이 방송 저 방송 돌려봐도
신천지 집단 코로나 발병 소식
우주복 입은 의사들
확진자와 사투하는 모습뿐이고

사회적 거리 두기 권고 덕분에
집에 납작 엎드려
내 속이나 더듬어봐야 하니
꽃이 피지 않는 서글픈 봄이다

---

* 김지하 시인의 시 「봄」에서 따옴.

辛夷塢
丙申夏
雪石軒
姜銀伊

앞의 일곱 장 펴지면 뒤에 꽃순 아나와 새로운 마음과 德 기운 芭蕉 雲軒

엄지발가락

버거운 하루를 마무리하는 시간
엄지발가락을 매만지며
혼잣말로 중얼거린다

오늘도 수고했노라고
미안하다고

험한 곳 힘든 일 마다않고
거침없이 앞장서 나아가는
등불 같은 너
애증의 발가락이여!

나도 사랑하는 이들의
가슴 가슴마다 심지가 되어
어둠을 밝히는 작은 불빛이고 싶다

동그라미

거대한 동그라미가 빙글빙글 돌아간다

거대한 동그라미 안에 큰 동그라미
큰 동그라미 안에 작은 동그라미
작은 동그라미 안에 더 작은 동그라미
더 작은 동그라미 안에 더 작은 동그라미
사이좋게 잘도 돌아간다

어제가 빙글빙글 오늘이 되고
오늘은 빙글빙글 내일이 되고
내일은 또 다른 내일을 향해 돌고 있다

영특한 꼬마 동그라미
엄마 동그라미가 되기까지
빙글빙글 휘돌아 감은 세월이 얼마던가

오늘도 동그라미는 빙글빙글
아름다운 세상을 꿈꾸며 잘도 돌고 있다

웅덩이

어렸을 적엔 무척 두려워했던 기억이 난다
어느 날인가 웅덩이에 빠져
엄마한테 야단맞던 일이 있은 후부터
웅덩이를 만나면 피해 가곤 했다
보기에는 비슷비슷해 보이지만
개중에는 생각보다 깊은 웅덩이도 있어
잘못 내딛는 순간 수렁에 나동그라져
온몸에 흙탕물 뒤집어쓰기 일쑤였다
웅덩이는 지금도 요주의 대상이다
차들이 지나가며 흙탕물 튀기는 날엔 낭패라서

시간이 지나가면 웅덩이는 마르고
내 앞에서 자취를 감추지만
어린 시절에 겪었던 공포는 영원한 덫이 되었다
먼 훗날에야 깨달았지만
자연의 굴레 바퀴 속에는
항상 나쁜 일만 있는 것도 아니고
불운이 덮쳐올 것 같아도 아슬아슬 피해가기도 해서

실제로 일어나는 건 전부가 아니라는 사실

히말라야 등정을 하다 조난당하는 일들이 있다고
도전을 포기하지 않는다

내 사상을
그는
당신의
영혼 속에
하얀데
떠나보낸
흐늘이
水道를
살리고
하소서
平生의
그리움
물은 이제
풀어놓고
그래도
못 미더라
마음을
사는 하루
또 또한
사랑이어
무덤 될
조
담담함
나 술이며
떠나는
당신의
꽃으로

마음을 비우고 高古한 風貌 雪石軒

마지막 마디

호스피스 병동
숨 몰아쉬는
남편 발 움켜잡고
아내는 흐느낀다
한세상 둘이서
밀고 당기며 오르던 언덕길
여기까지 왔는데
아내의 하소연 넋두리에
가던 길을 멈추고
죽을까 말까 죽어줄까 말까
아내를 놀리고 있다
개똥밭에 굴러도
이승이 좋다더니
밤새도록
절벽 끝에서 놀고 있다

밤비

내 마음속 슬픔 같은 밤비가 내린다
반가워 기다렸다는 듯이
창문 열고 내민 내 얼굴에
볼 비벼대며 잰걸음으로 다가온다

가로등 불빛 아래 귀에 익은 속삭임
지나간 날들의 아쉬움과 아픔들을
밤 깊어가는 줄 모르고 속삭인다

네가 창밖에서 울다 간 사실을 알고 있다

지나간 날들의 아픔과 그리움이
인생의 디저트처럼 다가오는 시간
세월의 채찍이고 무거운 발걸음인 너는
아직도 깃발 흔들어대며 아우성이고
잠은 허공을 맴도는데
지나가는 세월의 수레바퀴 소리만 요란하다

차고 맑게 끝하고 고운 菊花

황혼

그들은 완전한 별개의 존재였다
물과 불처럼 확연하게 구별되었다
어느 날 둘이 만난 후
밤낮으로 서로를 꼭 끌어안고
내 것이 네 것이고 네 것이 내 것이 되어갔다
한때는 천둥번개도 치고
비바람에 휘청거리며 방황도 하면서
한 덩어리의 공기가 되어갔다

그 후부터
침묵 속에서도 서로의 눈빛만 봐도
상대의 마음을 읽을 수 있게 되었고
시간이 갈수록 서로의 구분은 무의미했다
흰 도화지 위에 떨어진 물감들이 자유롭게 섞이듯
그들의 비밀도 하나씩 불타 버렸다

언젠가부터 서로를 의지하게 되면서
둘 중 하나가 안 보이면 존재감은 떨어지고

지나가는 자동차 멈추는 소리에도
혹시나 해서 창밖을 기웃거렸다

햇살이 따뜻한 날이면 약속이라도 한 듯
창가에 마주앉은 노부부
돋아나는 새싹을 응시하다가
아주 먼 지나간 날들을 이야기하며
돌아오지 않는 기차를 타고 달려가고 있다

水仙傾盞正相看
丙申 雪石軒 姜銀伊

파문이 몰고 온 파장

해질녘 저수지
철새들이 한가롭게 먹이사냥을 하고 있다
하굣길 학생들이 저수지 수면 위에
물수제비를 뜨기 시작한다
경쾌하게 내달리던 돌들이
제 무게에 못 이겨 물속으로 곤두박질친다
수면을 가로지르는 파문
먹이사냥 하던 재두루미 떼들이 놀라
저수지 수면을 차고 날아오른다
오리들도 물속으로 곤두박질치며
저수지 저편으로 달아난다
원앙도 떼를 지어 재빠르게 날아오른다
작은 돌들이 일으킨 파문이
저녁노을 깊게 내려앉은 저수지 수면 위에
새들의 날갯짓 파장을 만든다

눈 내리던 날의 단상

눈이 내린다 추억의 부스러기 같은
아내 손을 꼭 잡고
잃어버린 퍼즐 조각들을 찾아
들쥐 술래잡기하는 뚝방을 걷는다
눈보라가 사선으로 몰아친다
나뭇가지에 찢기고 바위에 부딪쳐 뭉개져도
봄을 잉태한 눈송이는 용감하다
온 세상을 작은 가슴으로 끌어안아 잠재운다
눈발이 멎자
석양에 은하처럼 반짝이는 들녘
추운 줄도 모르고 뚝방길을 거닐다
눈 밑에 노란 새싹을 생각해내고는
꽃반지 끼워주던 순이 생각에 웃음 짓는데
첫사랑 같은 바람이 내 볼을 할퀴고 지나간다
오늘도 퍼즐 조각 못다 맞추고
한 쌍의 눈사람이 되어 뚝방길을 걸었다

天眞함과 富貴를 간직한 꽃 雲石軒

꿈은 이루어지다

마을 하나 짓고 싶다
메밀꽃 마을
마을 입구에 이글루 같은 꽃가게를 짓고
메밀 씨를 나눠주는 거야
벌 나비와 귀뚜리한테도 편지를 붙여야지
메밀꽃 피면 놀러오라고

천지에 메밀꽃 피면 벌 나비 바빠지겠네
달님도 기웃댈 거야!

편지 받고 달려온 귀뚜리 노래 부르고
벌 나비 달려와 춤을 추네
마을 어귀에 오색 굴렁쇠 내걸리자
온 동네 시끌벅적 잔치 열리고
메밀꽃 마을 사생활 들통 나겠네

다문화 가족들 몰려와 횃불 밝혀
얼음판에 마당놀이 한마당 벌어지자

동네 아낙들 맷돌 소리 밤은 깊어가고

아이들은 밤마다 도깨비 꿈을 꾸며

더불어 자작자작 살아가는 메밀꽃 마을

孔子曰 聰明하고 생각
이 밝더라도 어리석음으
로 자기를 지키고 功이 天下
를 덮을만하더라도
겸손히 사양
함으로
지키고
勇猛한
힘이 一世를
떨칠지라
도 겁냄을
써 지키고

제2부 마디의 힘

몽돌

짬도 모르고 끝도 없이
엎어지고 뒹굴다가
깨지고 뭉그러지고
수렁에 빠져 허우적대며
견뎌낸 뜨거웠던 시간들
내가 탈골한 길로
계절이 빠르게 지나간다
보이는 것들은 다 보이지 않는 것들이 되고
새 이름표를 달고 바닷가에 누웠다
잠을 청해보는데
누군가 나를 밀치며 덮쳐온다
아직도 삶은 끝나지 않은 거야
나를 키운 건 구 할이 비바람이었다

벚꽃

아, 저 꽃
미친 여자의 웃음 같은
타오르는 너를 바라만 봐도 눈물이 난다
저 떨림
저 진통
너를 바라만 봐도 오르가즘을 느낀다
누가 너를 바라보다 바라보다
벚꽃이라 했을까?
긴긴 어둠의 터널을 지나온
저 몸부림
네가 타오르는데
왜 내가 눈물이 날까?

난(蘭)

베란다에 다소곳이 앉아 있는 그대
틈만 나면 달려가 너를 매만지다 보면
너는 꼭 아내 같다

메마른 자갈밭이라 한마디 불평도 없이
늘 푸르고 곧은 자태를 뽐내다가도
한눈팔면 토라지기 일쑤지만
때맞추어 물도 주고
햇볕도 가려주고 정성으로 돌보다 보면
어느 날 향기를 머금은 화사한 미소로
살며시 다가오는 너
바라만 봐도 눈이 부시다

어떤 날에는 성깔이 보이고
어떤 날에는 은은한 기품에 눈물 난다
그래서 아내 같다
오직 햇님만을 바라보는 해바라기처럼
언제나 곧고 푸른 정절로

나를 기다려주는

너를 바라만 봐도 가슴이 뛴다

깊은 곳에 자란 난 사람들이 어찌 알리오 좋은 香氣를 품고 있음을 빛이나 마음 君子가 몸에 지니지 않았을 뿐 빼어난 향기는 시든 적이 없다오

二千十六年 七月 二十二 大暑日 설서허 姜張伊

거울

세상 소리 다 지운*
맑디맑은 침묵
아득한 네 앞에 서면
내면의 나를 볼 수 있어 좋다
가슴이 아득하고
막막할 때
피에로가 되어
웃고 울며
섧은 표정을 지어보지만
너는
굴절되었다가
용해되었다가
내상을 깊이 앓은 바다 같아서
늘 침묵으로
내 발길을 돌려 세우곤 한다

---

*작가 미상의 「거울」이란 시에서 빌려옴.

스스로香氣있어厚德한사람같다
雪石

언제나 푸른 빛을 지녀 기다리는 節槪여

연필은 영원한 스승

산등성이에 핀 억새꽃보다
어지러운 도심 속 삶
연필은 야수의 눈을 가진 천사처럼
헤집고 다니며 갈래 길을 만든다
연필과 같이한 아득한 세월
아무도 그대 심연의 밑바닥 헤아리지 못해
현자는 숲을 가꾸는 동안
게으름뱅이 방랑자는 한 그루의 빈곤함
어두운 밤 지나고 희뿌연 아침이 밝아오면
길 위에 빛과 그림자 보이리니
분명 연필에는 나무의 유전자가 있다

만남은 눈뜸이다*

야! 아름답다 지구다
여기는 아폴로 11호
만남이 쏘아 올린
아마도 여기는 달나라
물은 없고
사막에는 바위와 분화구뿐
무엇을 심어야지
농부를 데려와야겠어
서랍 속 작은 씨앗들을 챙겨
은하에서 오염되지 않은
비를 몰고 와
생명의 줄기 용솟음칠 때
또 다른 만남이
별도 띄우고 꽃도 피워
벌나비 날아들고
새들이 지저귀는
억만 년이 가도 오염되지 않는
별을 만들 거야

만남은 눈뜸이다
활활 타오르는 불꽃이다

---

*법정 스님 산문집 『맑고 향기롭게』의 「만남」에서 가져옴.

도 빛을 바꾸지 않네 긴바람 사납게
맡겨두네
申欽先生詩
雪不軒

핑퐁

작고 가볍다고 깝치지 마라
어제는 동네 아가씨였다가
오늘은 동네 할머니였다가
바람 불면 날아가는 민들레란다

강한 것은 부드럽게
부드러운 것은 강하게
곤두박질치면 받쳐주고
삐딱하게 엇나가면
강하게 응징하게 서두르지 마라

고수는 하수를 깔보지 말고
하수는 고수를 우러러는 봐도
기죽지는 마라
작은 물방울도 바위를 뚫는다

흰木蓮꽃이 香氣롭고 희고어엽븐 端粧하야 마치玉娘같구나 雪石

별똥별

밤하늘에 빛나던 별 하나
싸리빗질 하듯
일획을 그으며 사라진다
가슴을 찌르는 저 속도
갈등과 대립과 분노로 폭발하는
소멸의 저 속도
우리는 작은 별에 뿌려진 씨앗
다툼과 갈등으로 싹을 틔우지 못하고
술을 마시며 방황하다
분노가 쌓이고 쌓이면
아귀다툼 끝에 두 줄로 양립하기 일쑤
가슴을 찌르는 저 속도
추락하는 소멸의 저 속도
나는 안다 그리고 너는 안다
우리는 알고 있다
갈등과 대립과 분노의 종말을

마음의 뒤란

뒤란에 놓여 있는 빈 항아리들
젊은 날 술에 젖어 호기도 부렸고
동지섣달 긴긴 밤 김장김치 끌어안고
온몸을 사시나무 떨듯도 했지

이른 봄이면 장 담으시고
숯과 고추 엮어 금줄 두르고
아침저녁 윤기 나게 행주질 치시던
어머니의 온정 어린 손길에
밴댕이젓 멸치젓
창자가 녹아내리는 아픔도 견뎌냈다오

모두가 내 안을 스쳐간 한 줄기 바람
사랑하는 이들의 믿음 때문에
한 발짝도 나아가지 못하고
오직 외길만을 걸어온 삶

세월에 짓눌려 찾는 이 없고

꿈과 믿음의 확신마저 무너져
뒤란의 풍경이 되어버린 빈 항아리들
달빛에 아련한 실루엣만 들락거린다

그림자 드리울때 별도따라 잠기네 丙申
설석헌

아내

냇가에 핀
한 떨기 찔레꽃이었다
열매 맺어 싹 틔우고
꽃 피우기까지
그는 한줌의 흙이었고
언덕이고 햇살이었다
세월이 곰삭아
온몸이 벌레 먹고 떡잎 져
훈장 같은 약봉지 들고
돌아온 아내
빛바랜 흑백사진처럼
아득하고 애잔하게 정겹다

나무

어느 날 산에 오르다
무심코 산자락을 올려다보니
나무들은 언제부터인지
갈라지고 휘어져 등 굽은 채 뒤엉켜 있다
바람이 먹구름을 몰고 오자
나무는 술 취한 듯 취한 듯 흔들린다
바람이 멎자
아무 일도 없었다는 듯 고요하다
갈라지고 휘어지고 등 굽게 하는 것은
바람도 햇살도 아닌
제 잎들이었던 것이다
달빛에도 흔들리는 조막손으로
대가족을 키우고 먹일 수 있는 것은
이렇게 조용히 삭혀 울며
갈라지고 휘어져 등 굽는 일이었음을
나무는 까맣게 몰랐다

세상을 밝게 하는 것들

구석에 처박혀 있는 걸레는 늘 슬프다

숨죽이며 잠이라도 청할라치면
어느 손에 이끌려
물통에 처박혀 비벼대고 비틀고 쥐어짜도
청결해지기만을 간절하게 바라기에
눈물 흘리며 바닥보다 더 낮게 엎드린다

어지럽게 찍어놓은 족적과 지문과 죽음들
살갗이 너덜너덜 찢기고 뭉개져도
나는 너를 끝내 닦아내야 한다

높은 곳에 뜬 별들이여 그대는
낮은 곳에서 제 몸을 불태워 아낌없이 주는 것들의
피로 얼룩진 동굴 속에 숨어
그들의 피로 연명하는 흡혈박쥐다

어제의 아픈 추억을 짊어지고 내일이 걸어온다

제 몸을 불태워 아낌없이 주는 것들은 위대하다
높은 곳에서
반짝이는 척하는 별들은 모두 떨어져야 한다*

* 박연호의 「웅크리다」에서 빌려옴.

맑고 따스하야
君子의 벗이 되니
꽃다운 마음 누가
다시 求하나
雪石

부부

리어카에 연탄을 가득 싣고
노부부가 비탈길을 오른다
미끄러질 듯 지그재그 끌고 밀며
기관차처럼 연신 허연 연기를 내뿜는다

저녁 밥상에 마주앉은 노부부
힘들었지유?
당신이 있어서……
지금 생각하니
우리에겐 구세주 같은 언덕길이었슈
암, 전부였지
그나저나 올겨울 모두 따뜻해야 할 텐데
당신이 있어 다행이야

그날 밤 언덕길에 함박눈이 소복하게 쌓였다

어느곳에서 봄소식을 찾을까 고운향

향기 서서히 풍기매 봄이 오는듯을 흘려보낸다

흙한줌 蘭 깊은곳에 자라나 사람들이 어찌알랴 좋은 香氣 몰래품고 있음은 뿔이네
丙申

별은 스스로 빛난다

페스탈로치. 슈바이처. 세종대왕. 셰익스피어. 미켈란젤로. 헬렌 캘러. 파블로 피카소. 빈센트 반 고흐. 스피노자. 아인슈타인. 슈베르트. 프로이드 리처드 윌버. 햄릿. 쿠텐베르크. 오 헨리. 빌 게이츠. 소크라테스. 마더 테레사. 파울 첼란. 차이콥스키. 라이트 형제. 아들러. 에릭슨. 라이너 마리아 릴케. 레오나르도 다빈치. 마틴 루터 킹. 나폴레옹. 베토벤. 콜럼버스 토머스 에디슨. 보들레르. 프레데릭 쇼팽. 괴테. 모차르트. 메슬로우. 톨스토이. 제임스 와트. 제갈량. 헨리 포드. 헤밍웨이. 도스토예프스키. 칭기즈칸. 베토벤. 공자. 두보. 멘델스존. 에이브러험 링컨. 알렉산드로 푸시킨. 단테…… 별은 어두울수록 더 빛난다.

후회

아직은 팔다리가 멀쩡하니
노약자석을 피해 자리에 앉았다
눈을 지그시 감고 이런저런 생각을 하다
종로3가역을 지날 무렵
지나칠까 불안해 두리번거리다
내 앞좌석에 시선이 멈췄다
젊은이 옆에 날개 꺾인 새처럼
끼어 앉아 있는 노인
세월의 무게에 짓눌려
움츠러든 어깨 초점 잃은 눈동자
초초(悄悄)한 모습이다
그도 한때는 모닥불 같았으련만
말라죽을 불안이란 놈 때문에
전화를 걸고
불안해서 술을 마시고
도대체 엄두가 나지 않아
길을 헤매다
전동차를 탔을 것 같은

내리려다 차창에 비쳐지는 내가 미워
돌아서다 다시 보고 돌아서다 다시 보고
무거운 발길을 돌려야 했다

마디의 힘

오늘 하루가 저만치 가고 있군요
쓸쓸해 보입니다
제 그림자를 질질 끌며 가는군요

돌아보지 마라
후회는 게으른 자들의 변명이다
작은 마디가 된다고 슬퍼하지도 마라
아픔 없는 마디가 있다더냐
내 사랑하던 이도
삼천이백 일을 못 버티고 떠났다

백발에 손마디는 굵게 퉁그러지고
뱃가죽은 아코디언 같았으며
등 마디는 굽다 못해 삐딱하게 기울어
지팡이에 의지한 채
저무는 이승길이 눈물겨웠다

보이는 것들은 다 마디가 되어

벌써 내일을 끌어안고 있다
아 위대한 마디여
눈을 감았다 뜨니 한 세상이 저만치
또 하나의 마디가 생겨났다

學文의 精進도 이와 같으니 雪石軒

제3부 언약

문의 속성

애초에 문은 없었다
감추려는 속성과
혼자 소유하려는 속성 때문에

세상의 모든 문은
열고자 하는 마음이 여는 것
내가 한 발 다가서
간절히 원할 때 열리는 것

금고가 그렇고
방문이 또한 그러며
마음이 그러하지 아니한가

문은
네가 내게로
내가 네게로
열리기 위해 존재하는 것

그림자

나는 태어날 때부터 샴쌍둥이랍니다
소음인 체질이라서
조용히 순종하는 편이라오

나는 무엇이든 따라할 수는 있으나
당신을 안아볼 수는 없소만
언제든 길을 나서는 당신 발끝에 누워
땅에다 일거수일투족을 기록한답니다

어두운 밤이라고 남의 눈을 속이거나
흔들리며 추락하진 마오
우리는 항상 혼자가 아닌 둘이란 것을
잊어서는 아니 되오

당신이 언젠가 자연으로 돌아가는 날
나는 저문 강물 같은
이력서 한 통을 내놓을 것이오

기차여행

먼동이 터오는데 새벽별은 졸고
기차는 기적을 울리며
긴 사다리 같은 철길 힘차게 출발한다
고샅길 돌아 산비알을 지나고
강을 건너 달려가는 기차에는
농군도 장사꾼도 타고
작업복도 멋쟁이도 탔다
청춘도 고령자도 뒤섞여
끼리끼리 어우러져 히죽대고 깔깔대며
자식 자랑 며느리 자랑
세상 돌아가는 얘기에 핏대 세우다
정거장에 멈춰 숨 고를 땐
보따리 챙겨 한 사람 또 한 사람
갖가지 표정으로 제 갈 길로 가고
남은 사람끼리 종착역을 향해
그냥 그렇게 차에 실려 가고 있다
벌판을 달릴 때는
산들바람에 흰 구름 흩날리고

때론 비바람 폭풍도 사납게 몰아치고
찬바람에 싸락눈도 내리다가
어느새 먹구름 지나가고
저 멀리 서산에 노을 곱게 물든 곳
종착역이 기다린다 동행자는 없어도
멀고 먼 여행길 즐거웠다 말하리라

집착을 버리라 한다

바람은 다 버리라 하고
가볍게 살라 합니다
버린다는 것은 잃음이 아닌
새로운 시작이라고

서산에 지는 해는
비울 것은 다 비우라 합니다
비운다는 것은 포기가 아니고
새로운 채움의 시작이라고

흘러가는 흰 구름은 덧없는 세월
자취 없이 떠나라 합니다
떠난다는 것은 잊음이 아니라
지난 발자국을
하나씩 지우는 것이라고

막대그래프

새로 짓는 아파트 단지에
노란 잠자리 날개 빙빙 돌 때마다
솟아오르는 막대그래프

—첫 남북교류가 있을 당시 북한 방문단이 처음 서울에 오던 날 전국에 있는 자동차를 몽땅 끌어왔느냐 묻는 말에 자동차는 바퀴가 있어 힘들지 않았는데 빌딩들은 바퀴가 없어 힘들었노라고 재치 있는 답변으로 넘겼다는 남한 관계자의 말.

빽빽하게 치솟는 막대그래프 옆에
행복지수 그래프
서울 장안 가득 채웠으면 좋겠다

이런 나무이고 싶다

바람 따라
눈부시게 일어서는 갈채 아니어도
알몸으로 눈보라 맞는 고통
원망이나 엄살떨지 않고
먼지와 허욕이 넘치는 세상 흔들림 없이
늘 제자리에 굳건히 지키는 나무
그런 나무이고 싶다

거목 아니라도
새 한 마리 쉬고자 찾아들면
포근한 가슴 열어 편한 자리 내주고
지는 해 서러워 슬피 우는 왕매미
남은 생 의지할 수 있는 나무
그런 나무이고 싶다

풍성한 열매 맺는 나무 아니라도
바람에 지친 조각구름 쉬었다 가고
휘영청 밝은 달 가지에 걸터앉아

길 떠나는 기러기 향해 손 흔들어주며
밤하늘 애기 별들과
밤새워 이야기꽃 피우는 나무
그런 나무이고 싶다

접시꽃

작은 공원 모퉁이
땡볕에 곱게 피어 있는
한 무더기 접시꽃

장대에 매달린 안테나다
한 꽃에 꽃잎들 얼싸안고
뜨거운 햇살을 받아 모으고 있다
생은 스스로 세우고 지키는 것
오늘도 땡볕에 불태운다

저 곱고 여리디여린 꽃잎에
누가 칼을 댔을까?
고운 모습 어데 가고 싸리버섯 닮았나
보톡스 맞고 탈난 얼굴 빛깔로
고운 꽃잎 옆에서 흐느적흐느적 애처롭다

곱고 아름다운 접시꽃 땡볕에 환하다

어머니

내 마음엔 늘 구름 위에 방패연 하나 떠 있습니다
지금도 바람에 어머님의 향기가 실려 옵니다
찔레꽃 같은 애잔한 향기로 다가옵니다
아주 어릴 적엔 생명의 전부였고
한때는 든든한 버팀목이셨고 열렬한 후원자이셨습니다
세월이 한참 지난 뒤에야
어머님의 고귀한 희생과 사랑을 어렴풋이 알게 되었고
당신의 소중함을 깨달았을 땐 그리움에 울어야 했습니다
지금은 다가갈 수도 없는 또 하나의 태양입니다

언약

남산 전망대에 매달린 자물쇠는 고행 중
제 한 몸 지켜줄 그늘도 없이 찬바람에 떨고 있다

변치 말자 묶어놓은 언약 다짐하고 다짐하며
칼바람에도 꿋꿋하게 견뎌내는 아픔만 있을 뿐
저 많은 전망대의 기다림은 어리석다
겨울 내내 찬바람만 엉겨붙고 있었다

그러나 벚꽃 피는 날
제 몸에서 나온 녹이 쇠를 녹여 하나 되는 날
맺어진 커플은 부지기수일 테니
세상에는 이혼하는 자들이 차고 넘쳐도
아직까지 자물쇠를 열고 헤어졌다는 뉴스는 없었다

입술이 까맣게 녹아내리는 사랑의 열병도
밤잠 설치던 첫사랑의 설렘도
자물쇠를 채우자 사랑이 여물도록
지난봄 시집간 누이도

이곳에서 꽃반지를 끼웠다 한다

솜사탕보다 달콤한 추억의 남산 길
굽이굽이 먼 길 돌아와도 곁에 있을 당신

유산

눈비 내리는 날은 귀가 애리다

어린 아들 앞세우고
아버지는 짐을 지고 눈길 헤치며
말없이 읍내 보건소를 향해 가고 있다

하얀 산길에 장끼가 날아오르고
치료비 대신 지게에 지고 가는
참나무 장작 위로 눈이 내렸다

귀를 다쳐 날개 꺾인 새마냥 파닥이는 나를
말없이 끌어안아 주시던 아버지
내 언 몸에 뜨거운 피가 돌고 있다

그해 겨울처럼
반가운 눈이 내린다

길 위엔 고달픈 사랑만 눈에 밟히고

바람보다 먼저 길을 트던 발자국
내게 달려와 빈 지게를 내려놓는다

또 귀가 아프다
아득하던 품속이 그리워진다
바람이 귓가에 전하는 소식 듣고
나는 눈 속을 향해 길을 재촉한다

雪石秋

제4부 바람, 구름 그리고 길

인생이란

인생은 봄비처럼 왔다가
가을 안개 속으로 사라지는 것
오늘도
바다에
홀로
돛단배 띄운다

丙申秋
雪石

소국(小菊)

언 땅 비집고 싹틔워
매화꽃 진달래는 피고 지는데
쑥대 같은 잎만 다복하다

푹푹 찌는 무더위에 축 늘어져
장대비에 목욕하고 뙤약볕에 몸단장
누구를 기다리나

찬 이슬 찬바람에 나무는 잎 떨구는데
봄부터 고심 고심하다
찬 서리에 홀로 핀 소국(小菊)이여
앙증스럽게 한 아름 피었구나

봄부터 가을까지 할 얘기도 많으련만
군자답게 곧은 자태 추위에 떨며
홀로 피어 있는 모습이 애처롭다

해바라기

봄부터 님을 향한 몸부림
용광로 같은 정열로
꽃을 피웠다

더 가까이, 더 가까이
담을 넘어
오르다 지쳐
노란 꽃을 피웠다

긴긴 여름
님이 보낸 양식으로
꽃 피워 열매 맺고

오롯한 충절로
당신을 기다리다가
심장만 까맣게 때우고

찬 이슬에 눈물만 흐른다

가을이 걸려 있다

잎 떨군 가지 끝에
긴 여름 햇살 머금은
바알간 홍시 하나

어둠에 매달린
등불인 양
가을이 걸려 있다

파란 하늘엔 흰 구름
계절 무늬 그려놓고
아직도 미완성인 사랑이
아직도 못다 한 우정이
찌든 옷깃을 잡는다

벌써 가을이 오고 있다
젊은 날 우리들의 꿈의 시간 이제 갈무리할 때
친구야, 고추잠자리 친구야
이 가을이 다 가기 전에

天性이 淡泊하여
孤高한 성품일세
丙申夏 雪君軒
姜銀伊

바람, 구름 그리고 길

언제나 바람과 구름이 함께 가던 길
이름 모를 꽃 지천으로 피어나던 들녘
넘실대는 보리밭 사이로 기차 달리고
호숫가 갈대밭 서걱이며 속으로 울어대던 길
실개천 흐르는 다리를 지나 산길 들어서면
은사시나무 솨르르 솨르르 온몸 떨며 서 있던 길
흰 구름 한가롭게 흩날릴 때도 있었지만
새털구름 곱게 물들이던 저녁노을 재촉해대고
비를 몰고 천둥번개 사납던 먹구름 속에서
실개천 지나고 강 건너갈 때 강물은 고요하기만 했으랴

우리네 인생길 어찌 바람과 구름 비껴가겠나
흔들리고 쫓기며 앞지르고 고함치며 발 구르고
천둥번개 폭풍 몰아치면 땅이 뒤틀리던 아픔들
노을 바라보며 절규하다 허탈하여 쓸쓸히 돌아서던 길
보리밭 사이로 기차 달려가야만 했던 아픈 추억의 길
내가 가지 않을 수 있는 험난한 길은 없었다
괴롭고 슬픈 길 가지 않을 수 있는 길은 없었다

그 길들을 지나 여기까지 왔으니
삶이 평온하고 즐겁기만 했겠냐만
자기 할 일 하며 따질 것 따지고 할 말은 하면서
사랑하고 이해하며 포용하고 용서하며 더불어 가야 할
우리 모두의 길인 것을

二千十六年 八月 설석헌

콩가루

나 어릴 적 할머니
찬밥 비벼주시던 콩가루
고소한 맛 보송보송
인절미 옷 입히고 송편 채워주던
고소한 추억

한가위 온 식구 모여앉아
송편 빚다가 몰래 먹은 콩가루
엄마가 웃으신다
살며시 거울 보니 입에 묻었네

할머니, 어머니 손길 같은
부드러운 콩가루
그리움에 먼 하늘을 바라봅니다

초생달

지는 해 따라 나온 상현달
옹기종기 지붕 사이 길
빠져나오다 전깃줄에 걸렸다
꼬맹이들 손뼉 치며 환호성
털강아지 덩달아 멍멍멍

엄마한테 전화도 못하고
보름에나 오실 텐데
초생달 애처로워
장대로 밀어볼까 걱정 생겼네

어릴 적 동구 밖 구름에 밀려가는 달 쫓아
검정 고무신 집어 들고 우루루 달려가다
넘어져 무릎 깨고 깔깔대던
보고 싶은 어깨동무 친구들

석류

아픔이 많은 영혼의 나무여
그 많은 가지며 작은 잎들
비바람에 온몸으로 울어대며
겨울 지나 가을까지 수많은 날들
고달프고 서러운 아픔의 눈물
아무도 모르게 삼키고 삼키며
허리춤 조롱박에 숨기고
바알간 구슬로 빚어내는
거룩한 아름다움이여
내 안의 슬픔과 미움의 아픔들
석류나무처럼 조롱박에 담아
아픔을 바알간 구슬로
은쟁반 받쳐 내놓을 수 있다면
우리의 삶이 얼마나 아름다우랴
석류 알보다 더 아름다운 빛으로
가을 하늘 수놓는 별빛이 되고 싶다

설중매(雪中梅)를 그리다

잎 피거든 따라오지
무에 그리 서둘러
찬 눈 속에서 두 볼이 빨간지

얼음 풀린 봄날
네 뺨은 하야니 식어가고
맑은 향 곧은 자태만 의연하지

고목에 빨간 입술 다 내어주고
말없이 어디로 가는지
잡지 못한 네 눈빛

옛 선비 목소리인 양
채 그리지 못한 설중매(雪中梅)
고고한 꽃망울 한 송이 부른다

아끼는 봄빛을 예나 지금 그대로인데 봄꽃은
복사가지 위에 새들은 晴꿈에 별나버는 香气에
취해 있는데 꽃봉오리 지지보다 숲잠에 빠졌네
丙申興戊日 雲芝軒 寠銀 尹鏡峰 大
師詩 가려쓰다 그리다 쓰고 장하다

아침 기도

희망, 출발입니다

새로운 인연 만나
새로운 일 시작하고
새 기쁨 만지며

더 많은 것 용서하고
더 많은 사랑 베풀어
더 많은 용기로 나아갑니다

봄에는 씨 뿌리고
가을에는 거두는 지혜로
날마다 조금씩 마음 비워
더 넓고 큰 세상 볼 수 있는 혜안을

부모님께 받은 사랑 깨닫게 하시고
시기하고 미워하는 마음, 가엾게 여겨
젊은 날 지은 업보 뉘우쳐 알게 하사

서로에게 용서하고 용서받는 저녁을 주소서

내 안 응어리진 욕심과 오만 모두 내려놓고
곱게 늙어가게
짐 보따리 다 벗어놓고
웃으며 떠날 수 있게 하소서

바람같이

이 도서의 국립중앙도서관 출판시도서목록(CIP)은 서지정보유통지원시스템 홈페이지(http://seoji.nl.go.kr)와 국가자료공동목록시스템(http://www.nl.go.kr/kolisnet)에서 이용하실 수 있습니다.(CIP제어번호: CIP2020030913)

아픔 없는 마디는 없다

초판 1쇄 인쇄 _ 2020년 8월 3일
초판 1쇄 발행 _ 2020년 8월 10일
지은이 _ 강희주 시 | 雪石軒 강은이 그림
펴낸이 _ 고영
책임편집 _ 이리영
디자인 _ 헤이존
펴낸곳 _ 문학의전당
출판등록 _ 제448-251002012000043호
주소 _ 충북 단양군 적성면 도곡파랑로 178
전화 _ 043-421-1977
전자우편 _ sbpoem@naver.com

ISBN 979-11-5896-480-1 03810